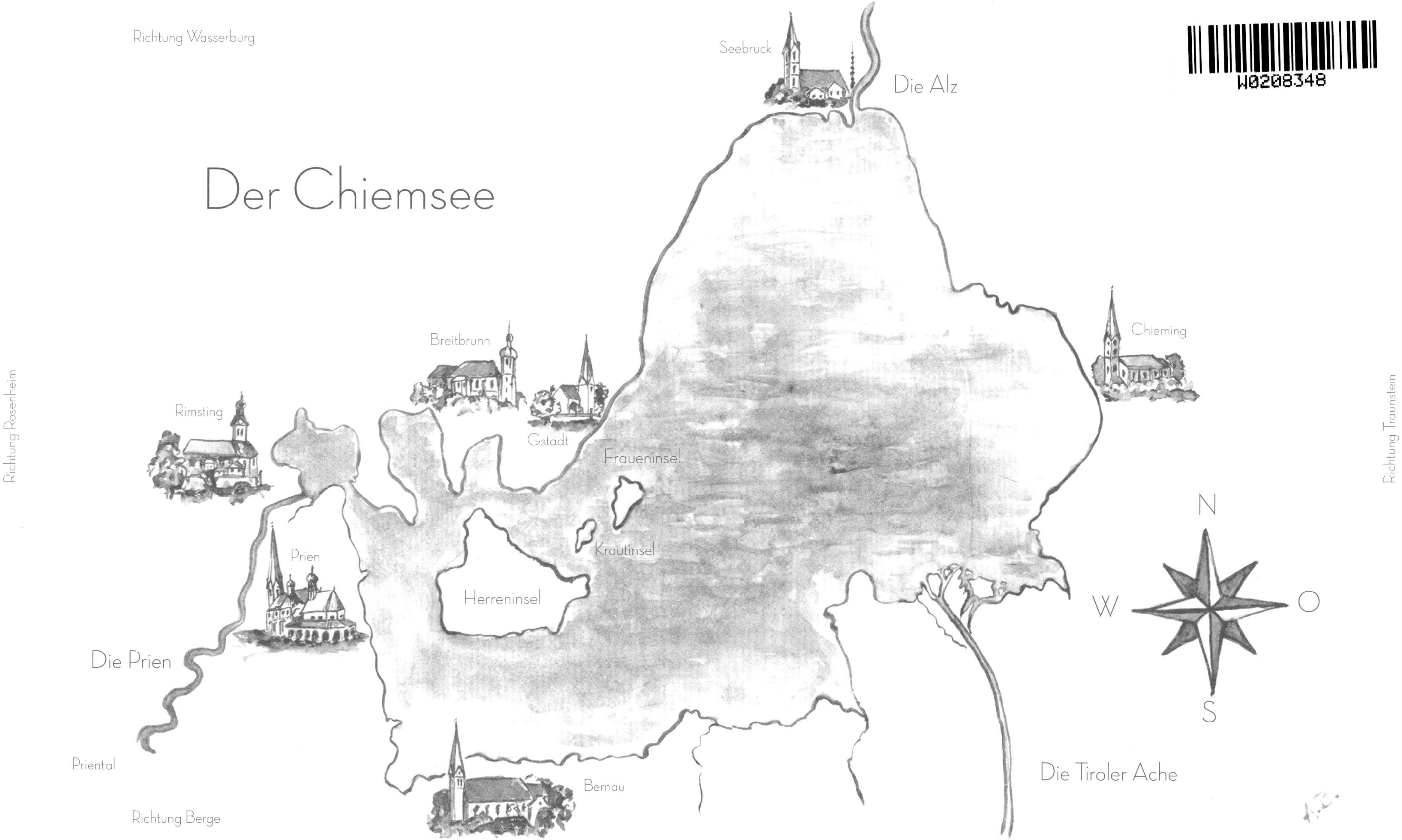
Der Chiemsee
Richtung Wasserburg
Seebruck
Die Alz
Breitbrunn
Chieming
Rimsting
Gstadt
Fraueninsel
Krautinsel
Prien
Herreninsel
Die Prien
Priental
Richtung Berge
Bernau
Die Tiroler Ache
Richtung Rosenheim
Richtung Traunstein
N
W
O
S

JOSEF REITER

Chiemsee

JOSEF REITER

Chiemsee

ChiemgauerVerlagshaus

Inhalt

Seen und Berge. Ein Blick über den Langbürgner See zum Chiemsee mit den Chiemgauer Bergen im Hintergrund.

Vorwort

Morgennebel über dem See. Jeder Tag am Chiemsee ist voller bezaubernder Stimmungen, die innerhalb kurzer Zeit wechseln können und immer wieder aufs Neue begeistern.

Wer den Chiemsee nur mit Zahlen beschreibt, tut ihm Unrecht. Auch wenn er mit rund 80 Quadratkilometern der drittgrößte See Deutschlands ist. Der Chiemsee ist Namensgeber für eine ganze Region und für viele Anziehungspunkte und Einrichtungen kultureller und gesellschaftlicher Art. Seinen Namen hat er vermutlich von einem Gaugrafen namens Chiemo aus dem siebten Jahrhundert erhalten. Der See selbst ist natürlich sehr viel älter, entstand vor rund 10.000 Jahren am Ende der letzten Eiszeit als Relikt eines Gletschers und dürfte ursprünglich rund 240 Quadratkilometer groß gewesen sein. Dass er so sehr geschrumpft ist, das verdankt er der Ache, die Unmengen von Kies und Sand anschwemmt.

Was den Chiemsee auszeichnet und was ihn für uns so begehrenswert macht, das sind vor allem seine besondere Lage, seine direkte Nachbarschaft zu den Chiemgauer Bergen, seine Offenheit im oberbayerischen Alpenvorland und seine Nähe zu den Metropolen München und Salzburg. Er ist im Vergleich zu klassischen Bergseen wie dem Königssee oder dem Kochelsee viel leichter zugänglich. Und mit seinen weiten, offenen Stränden wie etwa an der Feldwieser Bucht wird er seinem Beinamen »Bayerisches Meer« auch gerecht. Das hat ihn über viele Jahre und Generationen zu einem begehrten Platz gemacht, egal ob als Urlaubsdomizil oder als Wohnsitz mit hohem Freizeitwert. In der Nachkriegszeit wurde der Chiemsee zu einem der ersten populären Urlaubsziele. Er war nah, er war schön, und er gab den Menschen die Gelegenheit, die Nöte des Alltags zu vergessen. Die Faszination, die der Chiemsee auf die Menschen ausgeübt hat, brachte zahlreiche Attraktionen hervor, dazu kulturelle Kostbarkeiten und die vielen Geschichten, die der See seinen Besuchern erzählen kann. Die Inseln mit ihrer archaischen Anmut, mit ihren gegensätzlichen Charakteren, entführen die Besucher in vergangene Zeiten und in kleine, feine Alltagsfluchten. Und das macht den Chiemsee heute aktueller denn je.

Die Liebliche, die Kleine und die Königliche

Frauenchiemsee, Herrenchiemsee und die Krautinsel prägen das Bild des Sees

Ein See mit 80 Quadratkilometern, schön gelegen im Alpenvorland und fast mittendrin zwischen den Metropolen München und Salzburg. Das ist noch keineswegs alles, was zur Anziehungskraft des Chiemsees beiträgt. Was ihn so besonders macht, was seinen speziellen Charakter prägt und ihn für Besucher immer wieder faszinierend und überraschend macht, das sind seine Inseln. Urlaubsgäste, die den Chiemsee besuchen, wollen vor allem eines: Sie wollen die Inseln erleben.

Herrenchiemsee und Frauenchiemsee sind die Hauptdarsteller am See. Die stille und unbewohnte Krautinsel liegt genau zwischen den beiden Berühmtheiten. Nur ein Kilometer Luftlinie trennt die drei Inseln, und doch verkörpern sie unterschiedliche Welten. Hier ist Herrenchiemsee, wie der Name schon andeutet, herrschaftlich und repräsentativ mit dem Alten Schloss – einem ehemaligen Augustinerchorherrenstift – und dem weltberühmten Königsschloss von Ludwig II. Dort die kleinere Insel Frauenchiemsee, das bodenständige Gegenstück, das neben dem Sitz des Klosters noch Fischerdorf ist, als Künstlerenklave bekannt wurde und von rund 250 Menschen bewohnt wird. Dazwischen ragt die winzige Krautinsel aus dem Wasser, die von den Inselbewohnern als Gemüsegarten und Viehweide genutzt, aber selbst nicht bewohnt wurde und die auch von keinen Schiffen angefahren wird. Diese Vielseitigkeit, dieser Reichtum an Kontrasten machen die Einzigartigkeit des Chiemsees aus. Es braucht oft nur wenige Meter, um andere Stimmungen, neue interessante Geschichten zu entdecken.

Gerade in dieser Umgebung, in einer Gegend, die vom Zusammenspiel zwischen flachem Land und den Ausläufern der Alpen geprägt ist, üben Inseln auf die Menschen einen speziellen Reiz aus. Eine Mischung aus Exotik und Geborgenheit. Inseln boten den Menschen früher Schutz vor unliebsamen Besuchern, und von solchen hatten die einstigen Anwohner des Sees wohl mehr als genug. Archäologischen Funden zufolge waren die Chiemseeinseln bereits in der Steinzeit besiedelt.

Die spätere Geschichte der Inseln ist vor allem eine Geschichte der Klöster. Auf Herrenchiemsee, das früher Herrenwörth hieß, entstand wohl bereits im frühen siebten Jahrhundert ein erstes Kloster. Für das achte Jahrhundert ist eine Benediktinerabtei hier bezeugt. Das älteste Kloster in der Region wurde ab 1130 dann zum Augustinerchorherrenstift, im 17. und frühen 18. Jahrhundert neu gebaut und schließlich im Zuge der Säkularisation aufgelöst. Bei den Nachbarn auf der Fraueninsel, damals Frauenwörth, kam es erst ein gutes Jahrhundert später zur Gründung des Benediktinerinnenklosters, dessen Gebäude ebenfalls im frühen 18. Jahrhundert erneuert wurden. Nach der Säkularisation erging es den Schwestern besser als den Benediktinern auf Herrenchiemsee. Während drüben das Kloster aufgelöst wurde und fortan eher weltliche Dinge dominierten, zwischendurch auch Bier im ehemaligen Kloster

Die Inseln sind die berühmtesten Attraktionen des Chiemsees. Herrenchiemsee mit dem Königsschloss und die Fraueninsel mit Kloster und Fischerhäusern. Dazwischen die ursprüngliche Krautinsel.

Schön gelegen – die Klosterinseln. Da hat das Frommsein Spaß gemacht

gebraut wurde, fand sich für die Gebäude auf Frauenchiemsee kein Käufer, und so durften die Nonnen bleiben und widmeten sich vor allem der Erziehung junger Mädchen, was bis 1995 so blieb. Heute spielen die Klöster in touristischer Hinsicht eher eine Nebenrolle. Auf Herrenchiemsee beherbergt das ehemalige Chorherrenstift ein Museum und Bildersammlungen. Auf der Fraueninsel leben und arbeiten heute noch 22 Benediktinerinnen. Die Abtei beherbergt eine Gastronomie und einen Klosterladen. Im Gästehaus Scholastika, das auf das Jahr 1611 zurückgeht, können sich Menschen einquartieren, die Ruhe und Besinnung suchen.

Dieser langen Historie der Klöster verdanken die Chiemseeinseln ihre ganz individuelle Atmosphäre, diese Mischung aus Geschichte und Naturschönheiten. Ein Spaziergang auf Herrenchiemsee wirkt wie eine Zeitreise, vorbei am Chorherrenstift und der spätgotischen Kirche St. Maria, die 1469 eingeweiht wurde. Selbst die landwirtschaftlichen Gebäude strahlen eine gewisse Nostalgie aus. Vielleicht liegt es einfach nur an der Ruhe und Beschaulichkeit. Auf der Insel stört kein Autoverkehr, gibt es keinen Krach und keine kommerziellen Auswüchse. Die Größe von Herrenchiemsee erlaubt es auch, dass man selbst an Hochsaisontagen bequem vor den Besucherströmen in stille Winkel flüchten kann. Das ist auf Frauenchiemsee nicht ganz so einfach. Sie ist die lebendigere Insel. Der schmale und kurvenreiche Weg zwischen Fischerhäusern ist an Wochenenden gut frequentiert, und bietet viele überraschende Perspektiven und charmante Details des Insellebens. Auf Frauenchiemsee können die Besucher einkehren, einkaufen und übernachten. Das gastronomische Angebot ist sehr gut sortiert. Neuerdings wird auf der Insel so wie früher wieder Bier gebraut.

Herrenchiemsee ist mit 238 Hektar die mit Abstand größte der drei Inseln und bietet neben dem berühmten Schloss viel Platz für lange Spaziergänge in der Natur.

HERRENCHIEMSEE

Die Königliche

**Groß und prächtig.
Mit der Kutsche zum »bayerischen Schloss Versailles«**

Sie ist die größte, die prachtvollste und berühmteste der drei Chiemseeinseln. Herrenchiemsee, von vielen einfach nur die Herreninsel genannt, zählt mit dem prunkvollen Königsschloss, dem feudalen und unvollendeten Versailles-Nachbau, zu den ganz großen Sehenswürdigkeiten in Bayern. Jedes Jahr zieht der Ort rund 400.000 Besucher an, die an der Schiffsanlegestelle nur einen Weg suchen. Und der führt zu Fuß oder mit der Kutsche direkt hinüber zum Neuen Schloss. Ein kurzer Spaziergang durch schattige Waldpassagen, dann öffnet sich der Blick auf die prachtvolle Parkanlage mit Brunnen und Wasserspielen, mit dem »Parterre d'eau« und dem Grand Canal, bei denen sich 1876 der Hofgartendirektor Carl von Effner von Versailles inspirieren ließ. Nur wenige Stufen trennen den Besucher dann von der Prunkfassade des Neuen Schlosses.

Die Faszination von Herrenchiemsee bezieht sich nicht nur auf die kostbaren Kunstschätze, auf die verspielte Optik des Prachtbaus. Es ist auch die Geschichte des Schlosses und eines schwärmerischen und am Ende so glücklosen Königs, der sich hier einen seiner großen Träume verwirklichen wollte. 1873 kaufte er die Insel für 350.000 Gulden von einer Gruppe württembergischer Holzhändler und schaffte es damit, die geplante Abholzung der Insel zu verhindern. Ludwig II. war ein Naturliebhaber. Das Leben in der Residenzstadt München war ihm eine Last. Er suchte die Einsamkeit und ließ seine Schlösser und Landsitze allesamt an sehr abgelegenen Orten errichten. 1878 begannen die Bauarbeiten nach Plänen von Georg Dollmann. Zahlreiche große Prunkräume sind entstanden. Die berühmtesten sind die Große Spiegelgalerie, das Paradeschlafzimmer und das Prunktreppenhaus. Im kleinen Appartement waren seine privaten Gemächer, die ganz

---

Bei der Gestaltung der Brunnen und Wasserspiele mit dem »Parterre d'eau« ließ sich der Hofgartendirektor Carl von Effner von Schloss Versailles bei Paris inspirieren.

Seite 14 – 15 Von der prachtvollen Gartenfassade des Schlosses geht der Blick über die weitläufige Parkanlage, deren Struktur von akkurater Symmetrie geprägt ist und die direkt in den Grand Canal mündet.

Rauschende Musikfeste begeistern das Publikum

im Stil des französischen Rokoko dekoriert wurden. Ludwig II. war ein großer Verehrer des französischen Sonnenkönigs Ludwig XIV. Dabei war der König auch ein Technikfan und offen für Innovationen. So ließ er in seinen Schlössern Elektrizität einsetzen, Zentralheizungen, Rufanlagen für die Dienerschaft und Wasserklosetts einbauen. Mit seinem Tod 1886 endeten auch die Bauarbeiten auf Herrenchiemsee, und das Schloss blieb unvollendet.

Die Geschichte von Herrenchiemsee hängt sehr stark an der Biographie des Königs, weshalb ein Besuch des König Ludwig II.-Museums im Neuen Schloss sehr empfehlenswert ist. Dessen Ausstellung beschäftigt sich ausführlich mit den wichtigsten Stationen seines Lebens und zeigt Porträts, Büsten, historische Fotografien und originale Gewänder.

Es wäre falsch, Herrenchiemsee nur auf das Königsschloss zu reduzieren. Die Insel ist mit 238 Hektar die mit Abstand größte aller drei Chiemseeinseln, hat daneben auch andere eindrucksvolle Attraktionen zu bieten und ist vor allem eine kostbare Naturlandschaft. Direkt bei der Anlegestelle der Chiemsee-Schifffahrt blickt der Besucher zuerst hinauf zum Alten Schloss, dem einstigen Augustinerchorherrenstift, das im Stil des Barock ab der Mitte des 17. Jahrhunderts erbaut wurde. Ein mächtiger rechteckiger Bau mit einem großzügigen Innenhof und einem malerischen Rosengarten. Über eine Treppe führt der Weg hinauf zu der renovierten Gastronomie mit einem großen Biergarten. Wo früher die Klosterküche war, befindet sich heute im Fürstenstock ein Museum zur Geschichte der Insel und zum Verfassungskonvent, der hier 1948 stattfand. Im Prälaturstock ist noch eine Gemäldegalerie mit Arbeiten bekannter Chiemseemaler eingerichtet.

Auch bei der Spiegelgalerie im Schloss orientierte man sich am berühmten Vorbild in Versailles. Spiegel waren damals teuer – und beliebt, weil sie Räume größer erscheinen ließen.

Wer Herrenchiemsee wirklich kennenlernen will, der tut gut daran, sich auf den langen Wegen auf der Insel treiben zu lassen und die besondere Faszination der abseits gelegenen Winkel zu entdecken. Hinter dem Augustinerchorherrenstift verteilen sich die Gebäude der Landwirtschaft mit der Gärtnerei auf dem offenen Gelände. Der Weg führt vorbei an der Kapelle St. Maria und quert den Nordteil der Insel. Ein Uferweg rechts bringt einen direkt zur nördlichen Spitze der Insel und zur malerisch gelegenen Seekapelle Heilig Kreuz. Dort eröffnet sich ein bezaubernder Ausblick auf den nördlichen und westlichen Teil des Chiemsees. Auf einem Teilabschnitt des insgesamt sieben Kilometer langen Inselrundwanderwegs kommt man zum Apollo-Bassin und zum Grand Canal, dessen Verlängerung direkt zum Westufer führt. Etwas weiter südlich sind noch Überreste mittelalterlicher Festungsanlagen erhalten.

Die Insel, die im Besitz des Freistaats Bayern ist, hat eine prunkvolle und eine betriebsame Seite. Hier das feudale Königsschloss mit seiner exzentrischen Geschichte, dort die Ökonomie, die ganz unspektakulär landwirtschaftliche Aufgaben erfüllt und dazu den überwiegenden Teil der Insel in zwölf Forstabteilungen aufgeteilt hat. Die grandiose Kulisse auf Herrenchiemsee ist auch Schauplatz außergewöhnlicher Veranstaltungen. Ein Höhepunkt der Sommersaison sind die Herrenchiemsee Festspiele, die der Chorleiter Enoch zu Guttenberg initiiert hat und die unter anderem im Prunktreppenhaus und in der Großen Spiegelgalerie stattfinden. Ganz andere Traditionen repräsentiert die Schleppjagd, die alljährlich im Herbst auf der Insel stattfindet. Keine Jagd im herkömmlichen Sinn, vielmehr verfolgen Reiter und Hunde eine Duftspur, die sogenannte Schleppe. Es wird also kein Tier erlegt und es gibt bei dieser Jagd, auch keine speziellen Sieger. Gefeiert wird am Ende trotzdem.

Naturliebhaber können hier auf der Insel das ganze Jahr über Interessantes erleben. Dafür gibt es auf Herrenchiemsee zwei Naturbeobachtungsstationen. Naturinformationstafeln am

Fußweg zum Königsschloss beschreiben die Flora und Fauna auf der Insel und dazu speziell den Lebensraum der Fledermäuse. Denn die gehören zu den wenigen Inselbewohnern und haben sich im Dachboden des Schlosses eingerichtet. Wer mehr dazu wissen will, der kann sich in einem Lichthof im Königsschloss die Fledermausausstellung anschauen und bei der Video-Übertragung vom Dachboden Liveeindrücke bekommen.

Nicht nur die Reiter genießen die langen und weitläufigen Wege auf Herrenchiemsee, die vom Schloss zu den West- und Nordufern führen.

Links Die Seekapelle Heilig Kreuz am Nordufer gehört zu den weniger bekannten, aber dafür umso reizvolleren Sehenswürdigkeiten auf Herrenchiemsee und kann mit einem schönen Spaziergang erreicht werden.

KRAUTINSEL

Die Kleine

Mückenschutz und Picknickkorb

Sie ist die kleinste, unscheinbare und arbeitsame Nachbarin der beiden berühmten Inseln. Sie ist im klassischen Sinn keine Sehenswürdigkeit, und das macht sie wieder interessant. Nur 3,5 Hektar misst die Krautinsel, die genau zwischen Frauenchiemsee und Herrenchiemsee aus dem Wasser ragt. Gute 300 Meter trennen sie jeweils von den Ufern der beiden bekannten Nachbarn. Früher diente sie als Gemüse- und Kräutergarten für das Kloster. Heute bietet das unbewohnte Eiland, das auch nicht von den Schiffen angefahren wird, den Vögeln ideale Rastplätze und Brutstätten. Es wirkt von der Ferne recht dicht bewachsen mit Bäumen, was aber täuscht. Nur der Rand ist üppig bepflanzt. Im Inneren ist eine offene Weidefläche für die Kühe, die von Bauern über den Sommer hergebracht werden. Einige Holzstadel sind die einzigen zivilisatorischen Hinweise. Unscheinbar ist die Krautinsel nur auf den ersten Blick. Sie hat sogar historische Bedeutung. Bei wissenschaftlichen Untersuchungen fand man Relikte aus der Jungsteinzeit, später auch Objekte aus der Altsteinzeit. Die Werkzeuge und Waffenteile deuten darauf hin, dass sich hier schon sehr früh Menschen zurückgezogen hatten. Nur suchten sie damals keine Abwechslung vom Alltag, sondern eher einen sicheren Platz vor unliebsamen Besuchern.

Ihre Ursprünglichkeit verleiht der Krautinsel heutzutage den Charme einer kleinen Naturidylle in dem großen See. Den Seglern ist das Anlegen auf der Insel übrigens offiziell untersagt. Im Sommer suchen sich dennoch etliche Leute einen ruhigen und natürlichen Badeplatz am Ufer der Krautinsel. Die Schiffe bevorzugen die Passage zwischen Krautinsel und Fraueninsel. Die Durchfahrt auf der Seite der Herreninsel gilt wegen der geringen Tiefe als ziemlich problematisch.

Typisch für die Krautinsel sind der äußere Ring von Bäumen und die offene Wiese in der Mitte, die von außen kaum erkennbar ist.

Seite 22–23 Blick von der Krautinsel auf die Fraueninsel und das Klostergebäude. Die Krautinsel war früher Weideplatz und Gemüsegarten für das Kloster Frauenchiemsee.

FRAUENCHIEMSEE

Die Liebliche

Die Fraueninsel mit ihren Kraftplätzen ist in der Stille des frühen Morgens ein Genuss

Sie ist das romantische, bodenständige und beschauliche Pendant zur majestätischen Herreninsel. Die Fraueninsel empfängt ihre Besucher mit einer ganz anderen Atmosphäre, mit der kontemplativen Stimmung des Klosters, der verspielten Nostalgie der alten Fischerhäuser, den Geschichten der zahlreichen Künstler auf der Insel und der inspirierenden Ruhe der abseitigen Uferpassagen mit ihren Aussichtsbänken.

Auch wenn sie nur 12 Hektar groß ist, auf denen 50 dicht aneinander gebaute und meist private Häuser den Platz ausfüllen, ist die Insel eine Schönheit, über die es viel zu erzählen gibt.

Ihren Namen hat sie von der Benediktinerinnenabtei Frauenwörth, die 772 vom bayerischen Herzog Tassilo III. gegründet wurde. Eine lange und wechselvolle Geschichte inklusive der durch die Säkularisation bedingten Pause von 1803 bis 1838 erlebte das Kloster bis heute.

Die stattlichen Fassaden der historischen Klostergebäude und vor allem der unübersehbare Campanile, der frei stehende Turm des Münsters, sind der erste Blickfang für die ankommenden Besucher. Der 36 Meter hohe Turm aus dem 11. Jahrhundert ist das Wahrzeichen der Insel und von fast allen Seiten des Sees erkennbar. Seine charakteristische Zwiebelkuppe erhielt er erst im späten 16. Jahrhundert.

Vom Kloster führt der Fußweg, vorbei am Klostergarten, sanft bergauf zum Marienmünster und zur karolingischen Torhalle, die 782 als Eingangsgebäude des Klosters errichtet wurde. Auf dem kleinen Friedhof sind einige Künstler und Wissenschaftler begraben, die sich hier niedergelassen und viel zur Besonderheit der Insel beigetragen haben. Weiter rechts am höchsten

---

An schönen Tagen umringen die Segelboote die Insel. Links im Hintergrund leuchtet das Alte Schloss auf Herrenchiemsee.

Seite 26–27 Das Kloster Frauenwörth wurde 772 vom Bayernherzog Tassilo III. gegründet und behält auch bei Hochwasser seine Würde.

Seite 30–31 Der höchste Punkt der Insel mit seinen bis zu 1000 Jahre alten Linden soll ein ganz besonderer Kraftplatz sein.

erbaut 1514

Märchenhafter Winter auf der Fraueninsel

Seite 32–33 Vorbei am Klostergarten führt der Weg von der Anlegestelle zum Münster und zur karolingischen Torhalle, die mehr als 1230 Jahre alt ist.

Seite 34–35 Es gibt nicht wenige, die den Winter am See wegen seiner rauen Romantik und der Ruhe auf den Inseln besonders lieben.

Rechts An nebligen Wintertagen präsentieren sich Fraueninsel und Krautinsel mit einer fast unwirklichen und herben Romantik.

Punkt der Insel ragen die mächtigen Linden in den Himmel, von denen zwei gute 1000 Jahre alt sein sollen. Nebenan beim Lindenwirt lassen sich die Arbeiten der Chiemseemaler besichtigen, die hier im 19. Jahrhundert eine Künstlerkolonie gründeten und deren berühmtester Vertreter Max Haushofer aus München eine Tochter des Inselwirts heiratete.

Von hier führen die Wege über die eng besiedelte Insel, vorbei an alten Fischerhäusern, wo Renken, Brachsen und Aal geräuchert werden, wo die Gäste im Sommer im Garten sitzen und sich mit den fangfrischen Fischen stärken. Die Fischerei ist das klassische Handwerk auf der Fraueninsel und heute wie früher eine wichtige Einnahmequelle. Sechs Fischereibetriebe gibt es heute auf der Fraueninsel. Tradition spielt hier eine wichtige Rolle. Die Inseltöpferei existiert seit dem Jahr 1609 und ist seit 1723 in Familienbesitz.

Jede Jahreszeit hat auf der Insel ihren ganz speziellen Charme. Das Frühjahr bietet eine inspirierende Vitalität, wenn die ersten warmen Sonnenstrahlen die Uferpromenaden umschmeicheln und die nahen Berge noch schneeweiß leuchten. Der Sommer ist die Hochsaison, die Zeit, in der sich die Inseln in eine sehr lebendige Destination verwandeln und die vielen Segelboote für markante Farbtupfer auf dem Wasser sorgen. Der Herbst ist die Genießerzeit mit stimmungsvollen Spaziergängen vor der Kulisse warmer Herbstfarben in der Natur. Und der Winter ist der Geheimtipp für die besonderen Inselliebhaber, die die Stille und Abgeschiedenheit schätzen. Ganz spezielle Erlebnisse schenken die Zeiten, in denen sich eine Eisdecke bildet und der Chiemsee pure Winterromantik bietet. Viele Insulaner erinnern sich heute gern daran, wie sie an strengen Wintertagen als Kinder mit Schlittschuhen zur Schule gelaufen sind.

Woher er kommt – wohin er geht

Der größte Zufluss des Sees ist die Tiroler Ache, der einzige Abfluss die Alz

Viele kleine Zuflüsse und ein einziger bedeutender Abfluss: Der Chiemsee erhält sein Wasser aus den Bergen und schickt es weiter Richtung Norden. Ein typischer Voralpensee auch in dieser Hinsicht. Entstanden ist er wie viele andere Gewässer in der Region Ende der Eiszeit als Relikt eines riesigen Gletschers.

Der bekannteste und bedeutendste Zufluss ist die Tiroler Ache, die, wie der Name schon sagt, aus Tirol kommt und südlich von Chieming in einem Delta am südöstlichen Chiemseeufer mündet. Zweitgrößter Zufluss ist die Prien im westlichen Uferbereich. Die Prien hat es nicht weit. Sie entspringt am Spitzstein bei Sachrang, sucht sich ihren Weg geradewegs nordwärts über Aschau und Prien am Chiemsee und mündet in der Schafwaschener Bucht bei Rimsting in den See. Es gibt dazu noch einige kleinere Zuflüsse wie den Krebsbach in Chieming, den Überseer Bach und die Bernauer Ache. Dazwischen liegen Naturschönheiten wie die Kendlmühlfilze (Abbildung Seite 48 – 49), das größte Hochmoor in Südostbayern. Der einzige Chiemseeabfluss ist die Alz bei Seebruck, die sich dann nordwärts durch das hügelige Land windet und nach 63 Kilometern in den Inn mündet.

Die zahlreichen Zuflüsse aus dem Bergland bescheren dem Chiemsee relativ viel Geröll und Sand und schaffen damit einen nachhaltigen Verlandungseffekt, der, wenn man nichts unternehmen wird, den Chiemsee irgendwann verschwinden lassen würde. Der Chiemsee ist unter den großen deutschen Seen ein eher flaches Gewässer mit einer Durchschnittstiefe von 25 Metern und einem Wasservolumen von rund zwei Kubikkilometern. Der mit 56 Quadratkilometern deutlich kleinere Starnberger See hat rund drei Kubikkilometer, was sich auch mit der Durchschnittstiefe von rund 50 Metern gut erklären lässt.

Geordnete Verhältnisse. Ein größerer und viele kleine Zuflüsse im Süden und ein einziger Abfluss im Norden. Ganz rechts im Bild ist die abfließende Alz bei Seebruck zu erkennen.

54155

Woher er kommt

Das größte Binnendelta
in Mitteleuropa und ein
einzigartiges Vogelparadies

ACHENDELTA

Der Tiroler Ache ist es zu verdanken, dass der Chiemsee eine außergewöhnliche natürliche Sehenswürdigkeit besitzt. Im südöstlichen Winkel des Sees zwischen Grabenstätt und Feldwies mündet die Ache in den See und hat hier ein etwa fünf Quadratkilometer großes Delta geschaffen. Rund um das Delta breitet sich ein 1250 Hektar großes Naturschutzgebiet aus, das über die Grenzen Bayerns hinaus hohes Ansehen genießt. Das Achendelta ist ein sehr lebendiges Gebiet. Dafür sorgen allein schon die Unmengen an Kies und Sand, die die Ache auf ihrem Weg von den Tiroler Bergen in den Chiemgau mitbringt. Nach jedem Winter, am Ende der Schneeschmelze, stellt sich das Delta wieder ganz anders dar. Wissenschaftler haben errechnet, dass auf diesem Weg pro Jahr durchschnittlich 10.000 Kubikmeter Kies sowie 200.000 Kubikmeter Sand und Schwebstoffe in den See gelangen. Und das hat zur Folge, dass das Delta per annum um einen guten Hektar wächst und durch diesen Umstand die Wasserfläche reduziert. Mit dieser kontinuierlichen Verlandung würde es den Chiemsee mit seinen 8000 Hektar Fläche theoretisch in gut 8000 Jahren nicht mehr geben. Immerhin ist es gelungen, mit gezielten wasserbaulichen Maßnahmen diesen Prozess zu entschleunigen.

Das Delta hat aber auch seine positiven Seiten. Dazu gehört vor allem der einzigartige Bestand an über 300 Vogelarten, darunter seltene Vertreter wie Schwarzmilan und Wespenbussard, Schwarzhalstaucher und Wachtelkönig. Ein kleines Paradies für Naturliebhaber, die hier auch einer besonders wertvollen Vegetation begegnen. Grauerlen und Bergahorn wachsen hier ebenso wie der Straußfarn, die Sibirische Schwertlilie und die seltene Sumpf-Platterbse. Zum Schutz der Vegetation sind die Zugänge von Land und vom See zum Mündungsbereich gesperrt. Erleben lässt sich diese Naturschönheit dennoch. Es werden geführte Erlebnistouren mit ausgebildeten Naturführern oder Biologen angeboten.

Nun hat auch die Ache selbst auf ihrem 79 Kilometer langen Weg interessante Geschichten zu bieten. Ihren Ursprung hat sie im Bereich des Pass Thurn südlich von Kitzbühel, wo sie anfangs als Jochberger Ache, dann als Kitzbüheler Ache und schließlich als Großache Richtung bayerische Grenze fließt. Kitzbühel, St. Johann und Erpfendorf sind Zwischenstationen auf dem Weg nach Norden. Kurz nach Kössen wird es noch einmal ungemütlich, hier passiert sie die schluchtartigen Engstellen der Entenlochklamm vor Schleching, wo früher die Schmuggler durch den Wald geschlichen sind. Das ist dann das letzte spektakuläre alpine Intermezzo, bevor die Ache, die nun auf der bayerischen Seite Tiroler Ache heißt, ganz gemächlich durch das Achental bis Marquartstein fließt und dann vorbei an Grassau und mehreren Moosen und Filzen Kurs auf den Chiemsee nimmt.

Rund um das Delta der Tiroler Ache breitet sich ein Naturschutzgebiet mit 1250 Hektar Fläche aus, deren viele seltene Pflanzen und Tiere zu Erlebnistouren einladen.

Seite 58–59 Die Entenlochklamm zwischen Kössen und Schleching ist eine der spektakulärsten Passagen der Tiroler Ache.

ALZ

Wohin er geht

Vom Chiemsee zum Inn

Am nördlichsten Punkt des Chiemsees, am Ostrand von Seebruck, nimmt sie ihren Weg auf. Die Alz ist der Abfluss des Chiemsees, und auf ihrem Weg 63 Kilometer durch den nördlichen Chiemgau bis zur Mündung in den Inn bei Marktl bietet sie nicht nur viel Abwechslung mit zahlreichen Kurven und stillen Seitenarmen. Der obere Bereich der Alz bis Trostberg mit seiner ursprünglichen Flusslandschaft, den Streuwiesen, Sandbänken und Schilfbereichen bildet ein 929 Hektar großes Landschaftsschutzgebiet. Besonders eindrucksvoll ist der Abschnitt nordwestlich von Truchtlaching mit der Schilfinsel Bifuß und den verschlungenen Altwässern. Ideales Rückzugsgebiet für Forelle, Saibling und Barbe, die mit Kormoran und Reiher aber auch natürliche Feinde haben. Selbst Hechte und Welse sind in der Alz heimisch. Zahlreiche seltene Pflanzen wie die Sibirische Schwertlilie und mehrere Orchideenarten wachsen entlang des Alzufers.

Der Chiemsee fungiert für die Alz als Puffer, der das durch die Schneeschmelze bedingte Hochwasser im Frühjahr deutlich abmildert. Für die Menschen ist die Alz ein beliebtes Ausflugsziel. Ab dem 1. Juli sind auch die populären Bootsfahrten erlaubt, auf denen man diese wildromantische Flusslandschaft eindrucksvoll und hautnah erleben kann. Der erste Bereich zwischen Seebruck und Truchtlaching mit seinen überschaubaren Kurven auf rund sieben Kilometern gilt als einfach zu befahren. Danach sind Erfahrung und entsprechende Vorsicht angeraten. Im unteren Bereich ab Trostberg passiert die Alz das Bayerische Chemiedreieck und wird dort traditionell industriell genutzt. Durch den Bau von neuen Kläranlagen und vor allem durch die Chiemsee-Ringkanalisation konnte die Wasserqualität deutlich verbessert werden.

Dass sich die Reiher entlang der Alz sehr heimisch fühlen, liegt vor allem an den guten Fischbeständen des Flusses.

Seite 60–61 Typisch für die Alz zwischen Seebruck und Truchtlaching sind die vielen Kurven und Seitenarme mit den Streuwiesen und Schilfbereichen. Die Altwasser und Inseln sind Rückzugsgebiet für viele Tiere.

136
26802

SEGELN

Segeln – das Spiel mit dem Wind

Der Chiemsee – ein Segelrevier mit unendlich vielen Gesichtern

Für die einen sind sie ein stimmungsvoller Teil dieser malerischen Kulisse, kleine, feine Farbtupfer auf der großen Wasserfläche des Chiemsees. Für die Segler selbst sind die Boote auf dem See Ausdruck eines Lebensstils, Symbol für eine gepflegte Alltagsflucht auf's Wasser: Sich mit dem Wind dahintreiben lassen, die sanften Sprünge über die Wellen spüren und nichts hören als den Wind in den Wanten und das Plätschern des Wassers.

Was für ein Seglerparadies ist der Chiemsee. Eine Traumkulisse mit 8000 Hektar Wasserfläche eines der größten Binnensegelreviere Deutschlands. Der Chiemsee hat alles, was beim Segeln Spaß macht. Weite Wasserflächen, romantische Buchten mit idyllischen Biergärten für den genüsslichen Landgang. Windverhältnisse mit überwiegend West- und Nordwestwind sowie Ostwindtage bei schönem Wetter lassen das Seglerherz höher schlagen.

Die Saison reicht von Anfang April bis Ende Oktober mit zahlreichen Regatten unterschiedlichster Art. Schon zahlreiche deutsche Meisterschaften, wie die der Starboote und der Drachen-Klasse, wurden in den Gewässern des Bayerischen Meeres ausgetragen. Das lokale Highlight ist natürlich die Chiemsee-Meisterschaft, die in sieben Regatten ausgesegelt wird. Gut für die Segler ist, dass hier wenige Motorboote unterwegs sind. Ganz ohne Reglementierungen geht es aber auch auf dem Chiemsee nicht: Angelegt werden darf offiziell nur auf der Fraueninsel, jedoch nicht auf der Herren- und Krautinsel. Von den Anlegestellen der Chiemsee-Schifffahrt ist ein Abstand von 100 Metern einzuhalten. Und dann gibt es noch diverse Untiefen rund um die Herreninsel und zwischen Krautinsel und Herreninsel. Wer das weiß, kann sich auf perfekte Segeltage freuen. Über die Wellen gleiten, die Chiemgauer Berge im Blick und dazu die Vorfreude auf den Biergarten – so sieht das bayerische Seglerparadies aus.

Die farbigen Spinnaker leuchten im Spätnachmittagslicht während einer Regatta der Bootsklasse »Drachen«.

GER
1113
GER
995

Romantik, Naturgewalten und Sternennächte

Vielen Künstlern war und ist der Chiemsee Inspiration

Der See ist ein Magier und Verwandlungskünstler. Die Menschen kennen und schätzen ihn als Idylle, als Postkartenmotiv, als Landschaftsausschnitt, der die besten Klischees Bayerns an einem Ort vereint. Berge, See, weite, offene Auwiesen und kleine, romantische Dörfer. Lauschige Inseln und imposante Bauwerke. Landidylle und Hochkultur. So zeigt sich der See an schönen Sommertagen, und so wird er millionenfach auf Ansichtskarten und Prospekten dargestellt. Das ist aber nur eine Seite des Chiemsees. Wer ihn kennt, wer sich ausführlicher mit ihm beschäftigt, der weiß, dass er verschiedene Gesichter hat, dass gerade seine oft spontanen Stimmungswechsel eine ganz besondere Faszination besitzen.

Wenn dann der Westwind auffrischt und die Wellen laut auf das Kieselufer klatschen, dann wird dieser Eindruck noch intensiver. Wenn Wetterwechsel sich ankündigen, dann wird der See zur großen Bühne. Über dem offenen Wasser bauen sich Sturmfronten wie überdimensionale dramatische Gemälde auf, erzeugen Blitze und Donner ein martialisches Spektakel. Später ziehen Regenbogen majestätische Halbkreise am Himmel und schaffen eine geradezu unwirklich schöne Szenerie. Für Kenner sind die Stunden nach einem Sommergewitter die eindrucksvollsten, die frischesten und klarsten Momente. Die Farben leuchten noch mehr als sonst, die Luft wirkt so rein und kühl, und der See strahlt eine inspirierende Ruhe aus.

Sternenklare Nächte über dem See sind wie eine Reise in eine andere, geradezu mystische Welt. Am intensivsten erlebt man die Chiemsee-Magie, wenn sich der Abendhimmel mit dem Sonnenuntergang allmählich verfärbt, wenn die ersten Sterne zu funkeln beginnen und langsam die Nacht hereinbricht, wenn die Himmelslichter vom ruhigen Wasser reflektiert werden und alles zu einem gigantischen Lichtermeer verschmilzt. Besonders wirkungsvoll sind diese Schauspiele an stillen Ufern abseits des Verkehrs oder auf einer der zahlreichen Anhöhen rund um den See, von denen aus sich dann das perfekte 360-Grad-Panorama auftut.

Der See ist eine Bühne, und die Menschen lieben und nutzen ihn als solche. Viele Filme wurden am Chiemsee schon gedreht und Kulissen für's Kino gefunden. Vom weltberühmten »Ludwig II.« von Luchino Visconti aus dem Jahr 1972 über die bayerischen Komödien »Hierankl« von 2003 und »Wer früher stirbt, ist länger tot« von 2006 bis hin zu unzähligen TV-Produktionen haben Produzenten und Regisseure diese einmalige Landschaft genutzt und Menschen damit begeistert.

Wer die Kraft und die Faszination des Chiemsees spüren will, für den reichen Filme natürlich nicht. Man muss ihn hautnah und nachhaltig erleben. Man muss sich Zeit für ihn nehmen, um seine verschiedenen Facetten kennenzulernen. Die Gefahr, dass man dann nicht mehr weg will, ist allerdings groß.

Ein Regenbogen mit voller Leuchtkraft. Faszinierende Begleiterscheinung eines Sommergewitters über dem Chiemsee. Auch Schlechtwettertage haben hier ihren Reiz.

72173

ROMANTIK

Faszinierende Naturschauspiele

Vor allem der frühe Morgen mit seinen wechselnden Stimmungen offenbart die schönsten Augenblicke

Man kann den Chiemsee nicht auf die Schnelle kennenlernen. Dazu ist er zu vielschichtig, zu verspielt und zu facettenreich. Der Chiemsee spielt mit Farben und Lichtern. Er verzaubert die Menschen, die sich von seinen Naturschönheiten angezogen fühlen. Es ist ein Spiel, das zu jeder Tages- und Nachtzeit begeistert, das sich an unzähligen Plätzen vollzieht und beste Voraussetzungen für herrliche spontane Glücksmomente liefert.

Die Fischer auf der Fraueninsel kennen diese ganz spezielle Stimmung, wenn sie frühmorgens auf den See fahren und die ersten Sonnenstrahlen durch den Nebel brechen. Bei Kaiserwetter glänzt der See in bester Postkartenmanier mit tiefblauem Wasser und einem Fleckerlteppich aus weißen Segeln. Tagsüber kann das Wetter auch launisch sein und mit Westwinden und einer ihm eigenen Thermik für erfrischende Sonnenlücken in der Wolkendecke sorgen. Es sind aber auch die verborgenen kleinen Schönheiten im Uferbereich, die diese sonderbare Romantik ausmachen. Nostalgische Bootshäuser und Fischerhütten, idyllische Badebuchten zwischen dem Schilf und sanft ansteigende Wiesen am Ufer.

Während am Tag das Zusammenwirken von Sonne und Wasser für einprägsame Lichtspiele sorgt, präsentiert sich der See im Abendlicht mit ganz anderen Qualitäten. Vor allem die Vollmondnächte kreieren eine geradezu mystische Stimmung, wenn sich die Sterne im Wasser spiegeln und beim monotonen Plätschern des Wassers am Ufer eine eigene Mischung aus Ruhe und Inspiration schaffen. Für die Kenner des Sees sind dies die besten und intensivsten Erlebnisse, und dafür haben sie ihre ganz besonderen Orte. Dazu gehören die Strände in der Feldwieser Bucht, dem Kailbacher Winkel und die Uferzonen bei Gstadt und Breitbrunn.

Lichtspiele zwischen Nebel und Sonnenschein begleiten die Fischer, wenn sie ihren Fang einholen. Seit über 400 Jahren betreiben sie am Chiemsee ihr Handwerk.

76177

NATURGEWALTEN

Dramen zwischen Himmel und Wasser

Gewaltige Erlebnisse für Naturliebhaber

Es ist ein außergewöhnlicher Platz, wie geschaffen für dramatische Naturschauspiele. Hier der Chiemsee, der sich auf dem flachen Voralpenland ausbreitet und wie in einem Vorgarten der Berge liegt. Dahinter die Chiemgauer Alpen, weiter hinten die Inntaler Berge und in Sichtweite die Kitzbüheler Alpen mit dem zackigen Wilden Kaiser. Die Gebirgsnähe und die klassische Westströmung bescheren dem Chiemsee (und natürlich auch seinen Besuchern) ein sehr abwechslungsreiches Wetter. Mal ziehen die Wolken direkt von Westen über den See, mal lauern sie geradezu hinter den Bergen und setzen sich in kurzer Zeit mächtig und geräuschvoll mit Blitz und Donner in Szene.

Gerade im Hochsommer sind rasche Wetterwechsel und spektakuläre Kapriolen an der Tagesordnung. Gewaltige Einblicke für Naturliebhaber. Oft scheint noch die Sonne über dem See, wenn sich hinter Kampenwand und Hochries, schon die ersten schwarzen Wolkentürme aufbauen und nur wenige Minuten später die Blitze den Himmel erleuchten.

Es sind grandiose Naturdramen, die aus sicherer Position ungewöhnlich eindrucksvoll wirken, die aber gerade Wassersportlern Respekt abverlangen, weil eben die Wechsel sehr rasch geschehen können. Dabei entstehen oft nur für kurze Momente Bilder von surrealer Schönheit. Regenbogen lassen den Himmel nach dem Schauer kunstvoll leuchten. Nächtliche Gewitterorgien verwandeln den See in eine riesige Bühne mit exzessiven Lichterspielen. Für Stadtmenschen sind diese Ereignisse oft völlig neue Erlebnisse. Die offenen Nordufer mit dem Blick auf Wasser und Berge oder die höher gelegenen Aussichtspunkte rund um den See sind die besten Plätze, um solche Naturgewalten intensiv zu erfahren.

Seite 78–79 Wechselnde Stimmungen nach einem Gewitter. Die Sonne zaubert einen Regenbogen aus dem diffusen Lichtspiel heraus.

Wenn die Gewitter von den Bergen heraus über das Wasser ziehen, dann zeigt sich der Chiemsee mit einer ungewohnten Kraft und Wildheit, die einen eindrucksvollen Kontrast zur sonstigen Idylle schaffen.

STERNENNÄCHTE

Nächste Ausfahrt Milchstraße

Solche Sternennächte sollte man nicht im Bett verbringen

Wer den Chiemsee besser kennt, der weiß um seine beiden höchst unterschiedlichen Gesichter. Tagsüber gehören die Attraktionen des Sees dem Tourismus, den Urlaubsgästen und Tagesausflüglern, die hier Abwechslung vom Alltag suchen. Am Ende des Tages, wenn die letzten Gäste von den Inseln zurückfahren, wenn sich die Strände und Badebuchten leeren und das frühabendliche Licht die Landschaft in pastellige Farben taucht, dann verwandelt sich der See in eine geradezu magische Schönheit. Das Lichterspiel der Sterne, das sich auf dem ruhigen Wasser spiegelt, schafft zusammen mit dem Mondschein eine geheimnisvolle und auf sehr eigene Weise anregende Stimmung. Der See reflektiert Stille und Erhabenheit. Auf den Uferpromenaden herrscht Ruhe. Kaum Autoverkehr ist zu hören. Wenig Schiffe sind in den dunklen Stunden unterwegs, und kein Lärm von Badegästen stört diese Idylle. Die Segelboote liegen fest verankert in den Häfen und wiegen sich in einem gleichmäßigen Rhythmus auf den sanften Wellen. Man lehnt sich zurück, spürt eine behagliche Entspannung und lässt sich in klaren Sommernächten vom Sternenhimmel verzaubern. Rund um den See gibt es wenig Industrie, und das sorgt für ein völlig ungetrübtes Bild mit vielen Sternen, mit blinkenden Flugzeugen und geräuschlos vorbeischwebenden Satelliten. Milchstraße, Polarstern, Kleiner und Großer Wagen präsentieren sich in einer ungewöhnlichen Klarheit. Es ist ein auf den ersten Blick unspektakuläres Naturschauspiel, das einen langsam erobert und einem klar macht, wie man von den vielen kleinen Punkten am Himmel, von der erhabenen Gelassenheit des Sees in den Bann gezogen wird.

Diese nächtlichen Begegnungen mit dem Chiemsee schaffen eine ganz andere Beziehung. Der See gefällt nicht nur, er verzaubert und begeistert.

Der stille See und der funkelnde Sternenhimmel. Im Hintergrund leuchtet die Bergbahn der Kampenwand. Die Nächte am Chiemsee sind voller Romantik.

Der See und die Menschen

Seit jeher zieht der Chiemsee Maler, Schriftsteller und weitere Künstler in seinen Bann

Diese gewaltige Landschaft voller Gegensätze, hier die stillen Badebuchten und romantischen Inseln, dort die steil aufsteigenden Chiemgauer Berge, hat die Menschen immer schon verzaubert. Dass der Chiemsee seit vielen Generationen Menschen angezogen und mit seiner pittoresken Szenerie, seinen wechselnden Stimmungen begeistert hat, muss man eigentlich nicht erklären und begründen. Viele prominente und kreative Persönlichkeiten haben sich hier niedergelassen oder hatten das Glück, hier aufzuwachsen. Der See als Quelle der Inspiration. Maler finden hier unzählige ansprechende Motive von der großen Landschaft bis zu kleinen Details am Wegesrand.

Schriftsteller suchen den Rückzug in die Natur, die Ruhe und Harmonie der Landschaft als perfekte Rahmenbedingungen für ihr Schaffen. Viele Charaktere haben sich hier ganz offiziell niedergelassen, andere lebten und leben unerkannt im Genuss der entspannten Anonymität. Da waren die Chiemseemaler mit dem berühmten Max Haushofer aus München. Julius Exter, Kunstmaler und Bildhauer aus Ludwigshafen am Rhein, siedelte 1903 nach Feldwies um. Seine Landschaftsbilder kann man heute auf der Herreninsel bewundern. Schriftsteller Sten Nadolny wuchs in Chieming auf, wo schon seine im gleichen Metier erfolgreiche Mutter Isabella Nadolny wohnte. Horst Mönnich lebte bis zu seinem Tod 2014 in Breitbrunn, und Otfried Preußler, der Kinderbuchautor und Schöpfer des Räubers Hotzenplotz, verbrachte seine letzten Jahre in Prien am Chiemsee. Der Bildhauer Heinrich Kirchner, dessen überdimensionale Figuren seinen Wohnort Pavolding hinter Seebruck zieren, wurde auf der Fraueninsel begraben. Und es werden wohl in Zukunft noch viele der Faszination des Sees nicht widerstehen können.

Der Blick von der Ratzinger Höhe über den See mit den Bergen im Hintergrund zeigt die abwechslungsreiche Umgebung des Chiemsees.

Seite 90–91 Der Chiemsee aus der Vogelperspektive mit freiem Blick auf die Alpenkette.

Seite 92–93 Frühling in Hittenkirchen – wer hier verweilt, wird mit einem einzigartigen Seeblick belohnt.

Von felsig bis sanft

Auch die Umgebung hat ihre besonderen Reize

Der See und seine Inseln sind beliebt und berühmt, und sie ziehen viele Besucher an. Dabei lebt die Attraktivität des Chiemsees auch von seiner Umgebung, die ein stimmungsvolles Wechselspiel zwischen herrschaftlich alpin und sanft romantisch bieten kann. Rund um den See verteilen sich höchst unterschiedliche Landschaften, die alle ihren speziellen Reiz besitzen. Das gilt vor allem für die Berge im Süden, für die Kampenwand, die Hochplatte sowie Hochgern und Hochfelln ganz im Osten. Allesamt stolze und sehenswerte Aussichtsgipfel. Das Westufer rund um Prien ist die touristische Seite mit Segelhafen und Badestränden

und mit der Ratzinger Höhe als Aussichtspunkt. Deutlich ruhiger und beschaulicher ist das Hinterland im Norden mit den verschlungenen Alzufern und stillen Moorwiesen. Faszinierend ist hier der Wechsel zwischen dem gut besuchten See mit der Promenade in Seebruck und der ursprünglichen Naturlandschaft in nächster Nähe. Der Osten rund um Chieming zeigt wieder ein ganz anderes Bild des Chiemgaus. Weite, offene Wiesen mit kleinen Bauerndörfern. Beschauliches Landleben mit dem Gut Ising als vornehmem Farbtupfer. Blühende Rapsfelder, wie hier am Nordufer bei Hochstätt, verzaubern die Landschaft mit leuchtenden Kontrasten.

Seite 94–95 Das Mündungsdelta der Tiroler Ache aus der Vogelperspektive. Ein Naturerbe von europäischem Rang.

Seite 96–97 Geradezu majestätisch thront das »Kampenkreuz« auf der 1669 Meter hohen Kampenwand.

Seite 101–102 Fernblick von den Chiemgauer Bergen zum Chiemsee. Auch die glücklichen bayerischen Kühe genießen diese herrliche Gegend.

Hin und her mit Schiffsverkehr

Die Flotte der Chiemsee-Schifffahrt, Personenbeförderung mit großer Tradition

Prachtvoll sind sie anzuschauen, wenn sie erhaben über den See gleiten. Die Schiffe auf dem Chiemsee strahlen eine gelassene Eleganz aus, wenn sie die Menschen zwischen Inseln und Festland transportieren. Und das schafft mit der Kulisse der Chiemgauer Berge eine besondere Harmonie. Angefangen hat es mit der Schifffahrt schon 1845. Damals gab es noch kein Königsschloss, aber das einstige Augustinerchorherrenstift und die Fraueninsel waren schon beliebte Ziele. Heute fahren die Schiffe an 365 Tagen im Jahr von den Häfen Prien/Stock und Gstadt auf die Frauen- und Herreninsel oder rund um den See. Im Sommer sind Seebruck, Chieming, Übersee/Feldwies und Bernau/Felden zusätzliche Stationen.

Das Aushängeschild ist der Schaufelraddampfer »Ludwig Fessler«, der 1926 gebaut wurde und in seinem musealen Interieur mehr als 460 Sitzplätze bietet. Das größte Schiff ist die elegante »Edeltraud« mit über 50 Metern Länge und 574 Sitzplätzen. Insgesamt 14 Schiffe umfasst die Flotte heute. Kleine und große Modelle, die auch für individuelle Ausfahrten gebucht werden können und die Schauplatz reizvoller Veranstaltungen sind. Dazu gehören abendliche Tanzfahrten, Volksmusikfahrten, die Chiemseer Gschichtn, eine geführte Rundfahrt, und für den Nachwuchs die Piratenfahrten.

Einmal im Jahr laufen die Chiemseeschiffe zusammen aus zur großen Sternfahrt. Vor dem Schlosskanal der Herreninsel formieren sie sich sternförmig, bevor dann ein großes Feuerwerk den Himmel erleuchtet. Auf den Schiffen wird gefeiert und getanzt. Auf einem Schiff stehen klassische Tänze auf dem Programm, bei einem anderen wird rockmäßig aufgespielt, woanders gibt es Volksmusik, und bei manchen geht es ganz ruhig zu. Die Sternfahrt findet traditionell im August statt, und sie ist einer der ganz großen Events auf dem See.

Seite 103–105 Seit 1845 verbinden die Chiemseeschiffe die Inseln mit dem Festland und sind heute das Rückgrat des Tourismus auf dem Chiemsee. Ein Höhepunkt des Jahres ist die große Sternfahrt im Sommer, wenn sich die Schiffe vor der Herreninsel sternförmig positionieren und Musik und Feuerwerk auf dem Programm stehen.

ABSCHIED

Abschied

… doch jedem Abschied folgt ein Wiedersehen

Es gibt einige ganz klassische Möglichkeiten, dem Chiemsee zu begegnen. Eine davon ist dieser plötzliche und fulminante Ausblick auf der Autobahn am Bernauer Berg, wenn sich von einem Moment auf den nächsten der See vor einem ausbreitet. Ein anderer ist der Start von Prien mit dem Schiff direkt auf den See Richtung Herrenchiemsee.

Aber für den Abschied gibt es keine naheliegende Methode, keinen besonderen Ort, an dem sich ein letzter Blick anbietet. Das mag auch daran liegen, dass sich der Besucher eigentlich nicht verabschiedet, weil er es gar nicht will und weil die Menschen immer wiederkommen.

Auch wenn das wahrscheinlich nirgendwo verlässlich statistisch registriert ist, hat der See viele Liebhaber und, wenn man so will, Stammkunden. Sie kehren immer wieder zurück. Zuerst kommen sie vielleicht als Passanten auf der Autobahn auf dem Weg in die Ferien oder zum Geschäftstermin, dann als Urlaubsgäste, und irgendwann lassen sich viele auch hier nieder, weil das Arrangement aus Bergen und See so einzigartig und beeindruckend ist.

Der Chiemsee ist keiner, von dem man sich für immer verabschiedet. Man verlässt ihn für eine Weile und freut sich auf das nächste Wiedersehen. Man kommt zurück für ein paar Urlaubstage, für einen Segeltörn, für einen Biergartenausflug, eine Schifffahrt auf die Inseln oder eine Radltour entlang des Seeufers. Der Chiemsee ist so vielseitig, dass jedes Wiedersehen vertraut und doch neu und anders ist.

Und wenn doch Abschied? Wie wäre es mit dem kleinen Parkplatz oberhalb von Hittenkirchen (Bild Seite 92 – 93) an der Straße nach Frasdorf? Eine kleine Bank, ein letzter Blick auf den See, der sich wie gemalt in der Landschaft ausbreitet. Ein stiller, unspektakulärer Platz, um sein ganz individuelles »Servus« zu sagen.

Lesens- und Sehenswertes über den Chiemgau!

Ganz gleich, ob Sie sich für die kulinarischen Highlights der Region interessieren, die Kultur und Natur des Chiemsees entdecken möchten oder faszinierende Fotoaufnahmen in einem unserer Bildbände betrachten wollen, wir halten für alle Ambitionen die richtige Lektüre bereit.
Ein Rätselbuch mit Gewinngarantie, ein Literaturverzeichnis über die hiesigen Schriftsteller der letzten Jahrhunderte und tolle Taschenbücher runden unser vielseitiges Angebot ab.

Unsere Kalender schmücken von Jahr zu Jahr mit den schönsten Motiven aus dieser herrlichen Region das Zuhause unserer Kunden.

Besuchen Sie die Buchhandlung Ihrer Wahl oder
unseren Internetshop mit direktem, kostenlosen Sofortversand:

www.chiemgauerverlagshaus.de

Kalender

Kalender Chiemgau
Format: 480mm x 340mm, 24,80 €

Kalender Chiemsee
Format: 480mm x 340mm, 24,80 €

Broschürenkalender Frauenchiemsee
Format: DIN A4, 9,80 €

Bildbände

Bildband Chiemgau
104 Seiten, 26,80 €
ISBN 978-3-9813620-2-2

Kulinarischer Bildband
216 Seiten, 29,80 €
ISBN 978-3-9813620-4-6

Kulinarischer Bildband
232 Seiten, 35,– €
ISBN 978-3-9813620-7-7

Unterhaltung

Rätselbuch über den Chiemgau
96 Seiten, 12,90 €
ISBN 978-3-9813620-6-0

Natur- und Kulturführer Chiemsee
160 Seiten, 12,90 €
ISBN 978-3-9813620-0-8

Gschicht'n vom bayerischen Meer
232 Seiten, 10,90 €
ISBN 978-3-9452921-1-2

Geschichten über die Chiemseeinseln
222 Seiten, 9,90 €
ISBN 978-3-9813620-5-3

Der (wahre) Chef bin ich!
222 Seiten, 9,90 €
ISBN 978-3-9452920-0-6

ChiemgauerVerlagshaus

Dahlienweg 5
83254 Breitbrunn
Tel. 0 80 54-8 15
Fax 0 80 54-6 16
E-Mail info@chiemgauerverlagshaus.de
Internet www.chiemgauerverlagshaus.de

Erste Auflage 2015

ISBN 978-3-945292-05-1

MIX
Papier aus verantwortungsvollen Quellen
FSC® C095359
www.fsc.org

Gedruckt in Deutschland auf
chlorfrei gebleichtem Papier

Erschienen im: Chiemgauer Verlagshaus
Inhaber: Maximilian Scheibmair
Fotos: Alle Fotos in diesem Bildband
stammen von Josef Reiter, Aschau
Texte: Georg Weindl, Aschau
Gesamtgestaltung: Ulrike Vohla, grafikdesign-storch
Illustration Landkarten: Anette Becker

JOSEF REITER Bildautor

Früh schon packte Josef Reiter (Jahrgang 1970) die Lust am Fotografieren. Seinen ersten Fotoapparat bekam er mit 14. Das Fotografieren hielt sich anfangs aber noch in Grenzen, da Filme und Bilder für den Schüler eine kostspielige Angelegenheit waren. Erst nach der Gesellenprüfung als Schreiner begann er das Hobby zu intensivieren. In jeder freien Minute ging er auf Motivsuche und schulte dabei seinen Blick für Objekte, Landschaften, Licht und Stimmungen. Mit Auftragsarbeiten seines kleinen Fotostudios finanziert er seine Leidenschaft, die Naturfotografie. Seine Körpergröße von 2,06 Metern ermöglicht ihm jedenfalls stets einen guten Überblick.

Josef Reiter lebt heute mit seiner Frau Rosina und drei Söhnen in Aschau im Chiemgau, wo sie ihn bei seinen Aktivitäten stets tatkräftig unterstützen.

Mehr können Sie unter www.foto-chiemgau.de erfahren.

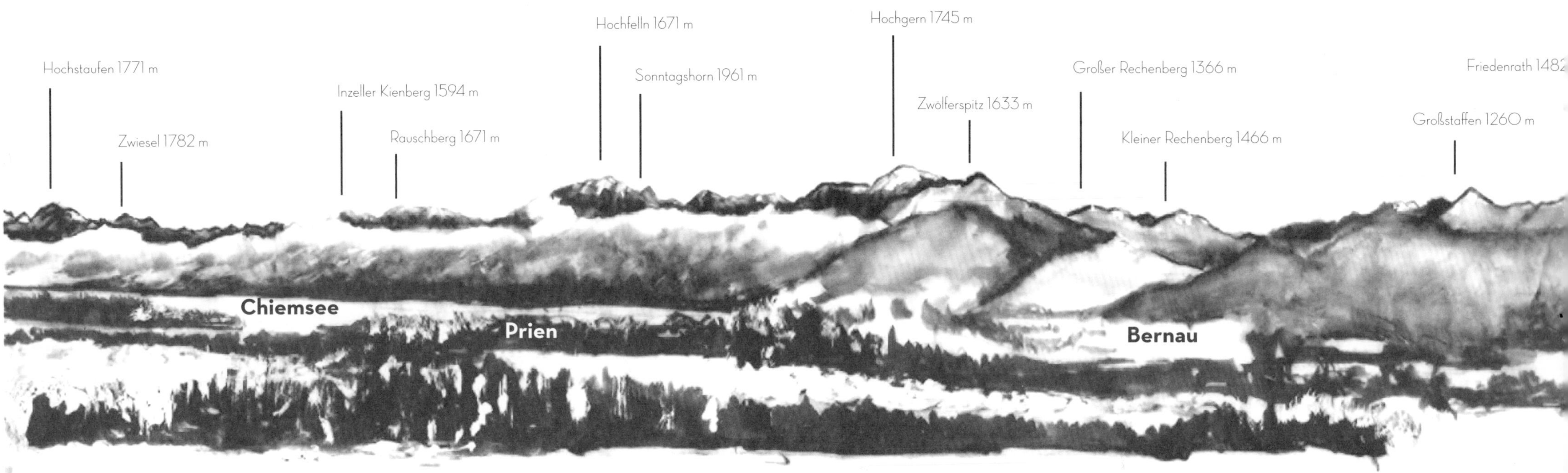

Chiemgauer Alpen